Leserabe

2. Lesestufe

Cornelia Neudert • TINO

Rabenstarke Tiergeschichten

Mit Bildern von Eva Czerwenka
und Mathias Weber

Ravensburger Buchverlag

Bibliografische Information Der Deutschen Nationalbibliothek:

Die Deutsche Nationalbibliothek verzeichnet diese Publikation
in der Deutschen Nationalbibliografie.
Detaillierte bibliografische Daten sind im Internet
über **http://dnb.d-nb.de** abrufbar.

1 2 3 10 09 08

Diese Ausgabe enthält die Titel
„Tierfreundegeschichten“ von Cornelia Neudert
mit Illustrationen von Mathias Weber,
„Mein Freund, der Delfin“ von TINO
mit Illustrationen von Eva Czerwenka

Ravensburger Leserabe

Umschlagbild: Eva Czerwenka
Umschlagkonzeption: Sabine Reddig
Rätsel: Petra Buck
Rätselillustrationen: Heribert Schulmeyer

Printed in Germany
ISBN 978-3-473-36363-6

www.ravensburger.de
www.leserabe.de

Inhalt

Cornelia Neudert

Tierfreundegeschichten

Mit Bildern von Mathias Weber

Inhalt

Der allerliebste Lieblingshund

Eigentlich ist Ben kein toller Hund.
Er ist schon uralt.
Er kann nicht die Pfote geben,
er kann nicht Männchen machen
und zum Stöckeholen ist er zu faul.
Außerdem stinkt er oft furchtbar.

Ben hat früher Oma gehört.
Aber seit sie im Altersheim lebt,
wohnt er bei Leonie
und ihren Eltern.
Zuerst hat Leonie
ihn nicht gemocht.
„Stinkehund“,
hat sie immer zu ihm gesagt.
Aber das sagt sie jetzt nicht mehr.
Ben ist nämlich ihr allerliebster
Lieblingshund geworden.

Und das kam so:
Leonie probierte gerade
ihren neuen Roller aus.
Ben lag vor der Garage
in der Sonne und rührte sich nicht.

Da kam Sascha.
Sascha aus der vierten Klasse,
der immer alles bestimmen will.
„He, hallo Leonie“, sagte er.
„Lass mich doch mal fahren!“
Leonie zögerte.
„Der Roller ist aber ganz neu“,
erwiderte sie.
„Nur kurz“, bettelte Sascha.
„Ich fahr auch ganz vorsichtig!“

Leonie gab nach.
Zuerst fuhr Sascha
wirklich vorsichtig.
Aber dann rollte er immer schneller
und bremste, dass es quietschte.
Mein armer Roller!, dachte Leonie.
Dann fing Sascha an,
über die Bordsteinkante zu hopsen,
rauf und runter.

Der Roller krachte.
Leonie sagte:
„Ich will jetzt selbst wieder fahren!“
Aber Sascha schüttelte den Kopf.
„Nein, ich darf noch!
So war es vereinbart!“
„Gar nichts war vereinbart!“,
schrie Leonie wütend.
„Ich will meinen Roller zurück!
Du machst ihn kaputt!“

Sie packte den Roller am Griff
und hielt ihn fest.
Aber Sascha zerrte daran
und er war stärker als Leonie.
Leonie spürte, wie ihr langsam
der Griff aus der Hand rutschte.

Da geschah es.
Ben, der die ganze Zeit über
bewegungslos dagelegen hatte,
sprang plötzlich auf.
Mit einem Sprung
stand er auf der Straße,
direkt vor Sascha.

Er hob seine schwarze Schnauze,
dass sie fast
an Saschas Nase stieß.
Sascha ließ Leonies Roller los
und stolperte rückwärts.
„I-i-ist das dein Hund?“,
stotterte er.
Leonie legte Ben
eine Hand auf den Rücken.
Mit der anderen
hielt sie ihren Roller fest.

Stolz sagte sie:
„Ja, das ist mein Hund!
Und nimm dich bloß
vor ihm in Acht!
Er frisst am liebsten Roller-Klauer!“
Seit diesem Tag
sind Leonie und Ben Freunde.
Und wenn Ben wieder einmal
besonders schlimm stinkt,
setzt Leonie ihn in die Wanne
und wäscht ihn mit Hunde-
Shampoo.

Das Monster im Aquarium

Tim hätte gern
ein aufregendes Tier gehabt.
Einen Löwen oder eine
Vogelspinne
oder eine Schlange
oder wenigstens eine Ratte.
Aber er hat nur
ein langweiliges Aquarium
mit langweiligen Fischen drin.

Fische sind doof, denkt Tim.
Man kann sie nicht streicheln
und große Schwestern
ekeln sich nicht vor ihnen.
Er starrt durch das Glas
in sein Aquarium hinein.
Die Wasserpflanzen wiegen sich,
die Wasserschnecken gleiten
langsam über die Scheibe
und die Fische schwimmen
von hier nach da.

Nur ein Fisch
bleibt immer an derselben Stelle
und sieht zu Tim heraus.
Dabei bewegt er seinen Mund.
Auf und zu.
„Ob er mir was sagen will?“,
murmelt Tim.
Er neigt das Ohr nah
an das Aquarium heran
und schließt die Augen.

Aber er hört nichts.
Da gluckst plötzlich eine Stimme
direkt neben seinem Ohr:
„Na endlich!“
Erstaunt reißt Tim
die Augen wieder auf
und merkt, dass er im Wasser –
nein, **unter** Wasser schwimmt!
Neben ihm schwimmt der Fisch.
Er ist plötzlich fast so groß wie Tim.

„Komm!“, gluckert der Fisch.
„Du musst uns helfen,
das Monster zu verjagen!“
„Was denn für ein Monster?“,
fragt Tim.
Beim Sprechen
perlen Luftblasen
aus seinem Mund.
Aber der Fisch
hat seine Frage nicht gehört,
denn er ist schon
ein paar Schwanzschläge voraus.

Tim zögert.
Soll er dem Fisch folgen?
Ein Abenteuer wird es bestimmt!
Also schwimmt er hinterher.
Er taucht mit dem Fisch
in die grüne Tiefe
des Aquariums hinab.

Algen schwanken
zwischen den Steinen.
Die Schnecken
drehen ihre Stielaugen
und glotzen Tim an.
Wie unheimlich!, denkt er
und schwimmt schneller.

Schließlich hält der Fisch an.
„Dort sitzt das Monster!“,
gluckst er leise
und zeigt mit der Flosse nach vorne.
„Eines Tages war es plötzlich da
und wir wissen nicht,
wie wir es wieder loswerden sollen!“

Tim schluckt.
Da hockt etwas.
Etwas Schwarzes.
Etwas mit vielen Beinen.
Das Monster!
Tim spürt,
wie sich seine Haare sträuben.

Aber plötzlich erkennt er,
was es ist.
Und er lacht.
Er lacht so,
dass ihm die Luftblasen
aus seinem Mund
in die Nase blubbern
und er niesen muss.

Nach dem Niesen
schwimmt er nicht mehr
im Aquarium.
Er steht wieder draußen.
Und er ist auch wieder
so groß wie vorher.
Sofort krempelt Tim den Ärmel hoch
und greift ins Aquarium hinein.
Als er den Arm wieder herauszieht,
hat er eine Spinne in der Hand.

Es ist eine kleine Plastikspinne,
mit der Tim schon oft
seine Schwester erschreckt hat.
Er vermisst sie
seit ein paar Wochen.
Jetzt weiß er,
wo sie gewesen ist
und wer sich in der Zwischenzeit
vor ihr gefürchtet hat.
Tim beugt sich vor
und sucht im Wasser
nach dem Fisch.
Da schwimmt er
und winkt zum Dank mit der Flosse.

Der kleine Kletterkater

Peter war noch ganz klein,
als Jana ihn zum ersten Mal sah.
Er lag bei seiner Katzenmama
und hatte die Augen fest zu.
Erst ein paar Wochen später,
als Peter seine Mama
nicht mehr brauchte,
durfte Jana ihn mitnehmen.

Jetzt sind seine Augen weit offen.
Er tappt neugierig im Zimmer umher
und beschnuppert die Tischbeine
und seinen neuen Katzenkorb.
Peter muss lernen,
ins Katzenklo zu pieseln.
Er muss lernen,
wann und wo es
etwas zu essen gibt.
Und eigentlich soll er auch lernen,
dass er nicht auf den Tisch darf.
Aber das begreift er noch nicht
ganz.

Als er sich im Haus
eingewöhnt hat,
trägt Jana ihn
in den Garten hinaus.
Peter hebt die Pfoten
und stakst durch das kitzlige Gras.
Er erkundet die Gemüsebeete
und klettert in den Fliederbusch.
Dann erspäht er plötzlich
das Eichhörnchen.
Es sitzt auf der Schubkarre.
Als es Jana und Peter sieht,
hopst es zur Birke
und klettert wie der Blitz
den Stamm hinauf.
Peter starrt ihm nach,
dann flitzt er hinterher.

„Halt! Nicht!“,
schreit Jana erschrocken,
aber der kleine Kater
ist nicht aufzuhalten.
Schon hängt er fünf Meter
über dem Boden, dann zehn.
Nur hat das Eichhörnchen
keine Lust,
mit ihm Fangen zu spielen.
Es springt auf die Fichte,
die neben der Birke steht,
und weiter in die Hecke und ist weg.
Peter aber sitzt oben in der Birke.
Und plötzlich merkt er,
dass runterklettern
nicht so einfach ist
wie raufklettern.

Mit dem Kopf voraus schlittert er
ein Stück den Stamm hinunter
und kann sich gerade noch
an einem Ast festhalten.
Irgendetwas macht er falsch.
Nur was?
„Du musst dich umdrehen!“,
ruft Jana ihm zu.
„Du musst rückwärts runterklettern,
nicht vorwärts!“

Aber Peter versteht Jana nicht.
Er klammert sich an den Ast
und miaut kläglich.
Jana ruft und lockt.
Aber es hilft nichts.
Peter rührt sich nicht mehr
von der Stelle.
Also packt Jana den untersten Ast
und fängt selbst an,
die Birke hinaufzuklettern.
Die Zweige biegen sich.
Der Baum schwankt.
Jana schwitzt.

Endlich erreicht sie den Ast,
auf dem Peter sitzt.
„Miau!“, macht er
und zittert am ganzen Körper.
„Ist ja gut“, murmelt Jana.
Auch ihre Stimme zittert.
Sie hebt das Katerchen hoch
und steckt es unter ihre Jacke.

Der Rückweg ist noch schlimmer,
denn zwischen ihren Füßen
sieht Jana,
wie weit der Erdboden entfernt ist.
Endlich hat sie es geschafft.
Aufatmend holt sie Peter
unter ihrer Jacke hervor.
Streng sagt sie:
„Das machst du nie wieder,
verstanden?“
Es dauert vier Tage,
bis Peter wieder
auf die Birke klettert.
Allerdings muss Jana
ihm nun nicht mehr helfen,
denn er hat in der Zwischenzeit
das Runterklettern gelernt.

Der Piratenpapagei

Sindbad ist Martins Papagei.
Er ist grün und kann sprechen.
Natürlich kann er
seinen Namen sagen: „Sindbad."
Und will er ein Bonbon haben,
sagt er: „Will eins! Will eins!"
Aber ab und zu kreischt er auch:
„Klar zum Entern!"

Deshalb glaubt Martin,
dass Sindbad früher
der Papagei eines Piraten war
und bei den wilden Seefahrten
diesen Satz gelernt hat.
Sindbad mag es nicht,
wenn man ihn am Schwanz berührt.
Wenn Martin ihn ärgern will,
tut er genau das.
Aber dann muss er schnell
die Finger wegziehen,
denn Sindbad hat
einen sehr scharfen Schnabel.

„Mit dem hat Sindbad den Piraten
die Löcher für ihre Ohrringe
in die Ohren gebissen“,
sagt Martin.
Sindbad nickt und schreit:
„Klar zum Entern!“
Am liebsten mag es Sindbad,
wenn Martin ihn am Kopf krault.
Dann sträubt er die Federn
und macht die Augen zu.
„So gut hast du es bei den Piraten
sicher nicht gehabt“,
sagt Martin zu ihm.
„Sindbad!“, antwortet Sindbad.

TINO

Mein Freund, der Delfin

Mit Bildern von Eva Czerwenka

Inhalt

Die Insel der Delfine

Amelie liegt am Strand
und lässt sich
die Sonne auf den Bauch
scheinen.
Sie träumt vor sich hin
und zeichnet Figuren in den Sand.

Sie sieht hinüber
zu der großen Insel.
Die Insel schimmert geheimnisvoll
im weiten blauen Meer.
Es ist die Insel der Delfine.
Amelie wäre gerne einmal dort.
Am liebsten mit ihrem Papa.
Amelies Vater hat
ein großes Motorboot.
Aber genau das ist das Problem.
Motorboote stören die Seetiere
vor der Insel.

Dort sind nur Segelschiffe und
Ruderboote erlaubt.
Die machen keinen Lärm.
Und sie haben
keine stinkenden Motoren.

„Ich komme nie auf
die Insel der Delfine“,
sagt Amelie traurig.

Da sieht Amelie ein Schiff.
Es kommt direkt auf sie zu.
Aber das ist ja Papas Schiff!
Seltsam. Ob etwas passiert ist?
Amelie sieht zu,
wie Papas Schiff anlegt.
Dann läuft sie auf ihren Vater zu
und umarmt ihn.

„Warum kommst du heute so früh
nach Hause?“, fragt Amelie.
Da erzählt Papa
eine traurige Geschichte.
„Ich habe etwas gefunden –
ein krankes Delfinweibchen.
Es trieb hilflos im Meer.
Und stell dir vor,
ein Delfinkind schwamm
neben seiner Mutter her.
Es ist seiner Mutter
nicht von der Seite gewichen.“

Amelie sieht ihren Vater
mit großen Augen an.
„Ich habe natürlich
die Küstenwache gerufen",
fährt Papa fort.
„Sie haben die kranke Delfinmutter
ins Delfinarium gebracht.
Dort wird sie gepflegt.
Wenn sie wieder gesund ist,
darf sie zurück in die Freiheit."
„Und was ist
mit dem jungen Delfin?",
fragt Amelie besorgt.
Papa schüttelt traurig den Kopf.
„Er ist fort", sagt er.
„Wir wollten beide Delfine
ins Delfinarium bringen.

Zuerst haben wir
die kranke Delfinmutter
eingefangen.
Da ist der junge Delfin geflohen."
„Bestimmt hat er nicht verstanden,
dass man ihm helfen wollte",
sagt Amelie traurig.
Papa legt einen Arm
um Amelies Schulter.
Dann gehen sie
schweigend nach Hause.

Beim Abendessen
will Amelie fast nichts essen.
Mama und Papa können
Amelie nicht trösten.
Traurig geht sie zu Bett.

In der Nacht liegt Amelie
lange wach.
Sie denkt an den jungen Delfin.
Was er wohl gerade macht?
Und wie heißt er eigentlich?

Amelie sieht aus dem Fenster.
Das Meer ist dunkel und still.
Nur der Mond
wirft ein fahles Licht
auf die Insel der Delfine.
Dort in dem schwarzen Meer
ist irgendwo der junge Delfin.
Bestimmt ist er einsam
ohne seine Mutter, denkt Amelie.

Irgendwann schläft Amelie ein.
Sie träumt von der Insel der Delfine.
Sie träumt von einem Schiff
mit großen, weiten Segeln.
Und sie träumt von Onno.
Von Onno, dem Delfin.
Jetzt weiß Amelie,
wie der junge Delfin heißt.

Onno, der Delfin

„Onno“, flüstert Amelie,
als sie am nächsten Morgen
erwacht.
Amelie freut sich.
Das war ein schöner Traum.
„Ich gehe an den Strand“,
sagt Amelie nach dem Frühstück
zu Mama und Papa.
Ihre Eltern schauen sich an.

Ob Amelie den Delfin
vergessen hat?
Von wegen,
Amelie hat nichts vergessen.
„Onno, Onno, Onno“,
singt Amelie vor sich hin,
als sie zum Strand hinunterläuft.
Beim großen Leuchtturm
geht Amelie schwimmen.
Da schimmert etwas
auf dem Meeresgrund.
Amelie hält die Luft an und taucht.
Was ist das?

Eine Perle, eine Koralle
oder etwa eine Silbermünze?
Ohne Taucherbrille
kann Amelie es nicht erkennen.
Amelie greift danach.
Es ist ein kleiner Spiegel.
Na, so was!
Plötzlich bewegt sich etwas
im Wasser.
Amelie hat einen Begleiter!
Einen kleinen Delfin!
Vorsichtig stupst er Amelie
mit seiner Schnauze an.
Er will mit Amelie spielen.
Behutsam streicht Amelie
über die glatte Haut des Delfins.
Sie fühlt sich weich an.

Der kleine Delfin hat nichts
dagegen.
Allmählich geht Amelie
die Luft aus.
Gemeinsam schwimmen
Amelie und der Delfin nach oben.

Der kleine Delfin umkreist Amelie
und gibt seltsame Laute von sich.
Immer wieder stupst er
Amelie zutraulich an.

Ehe Amelie ihn berühren kann,
schwimmt er weiter.
Immer wieder.
Ganz klar, der kleine Delfin will
Fangen spielen.
Natürlich ist er viel schneller
als Amelie.
Aber er lässt Amelie
auch mal gewinnen.

Er bietet Amelie
seine Flosse an.
Amelie hält sich daran fest.
Schnell schwimmt der Delfin
mit Amelie davon.
Das macht Spaß!
Amelie ist ganz sicher,
dass der kleine Delfin Onno ist.
Amelie merkt nicht,
wie die Zeit vergeht.
Sie sieht auf ihre Uhr.
„Du lieber Himmel,
ich muss ja nach Hause.“
Amelie watet ans Ufer.
Zum Abschied gibt sie Onno
Blinkzeichen mit dem Spiegel.
„Bis bald, Onno!“

Hai-Alarm!

Amelie und Onno spielen
fast jeden Tag miteinander.
Sie treffen sich beim Leuchtturm.
Amelie gibt Blinkzeichen
mit dem Spiegel.
Und schon ist Onno zur Stelle.

Manchmal bringt Amelie
einen Ball mit.
Den balanciert Onno
auf seiner Schnauze.
Eines Tages hat Amelie
etwas Besonderes dabei:
ihre Taucherbrille
und ihre Luftmatratze.
Onno ist noch nicht da.
Amelie legt sich
auf ihre Luftmatratze.
Sie setzt ihre Taucherbrille auf
und lässt sich im Meer treiben.

Mit dem Kopf unter Wasser.
Schön ist es hier.
Amelie sieht kleine bunte Fische.
Die Sonne scheint
auf ihren Rücken.
Die Zeit vergeht.

Wo Onno nur bleibt?
Da spürt Amelie ein Stechen
auf ihrem Rücken.
Bestimmt hat sie
einen Sonnenbrand!

Amelie blickt nach oben
und nimmt ihre Taucherbrille ab.
Amelie erschrickt.
Der Strand ist weit entfernt.
Die Luftmatratze schaukelt auf den
Wellen.

Und der Wind treibt sie
immer weiter hinaus
auf das große Meer!
Amelie hat Angst.
Verzweifelt paddelt sie
gegen die Strömung an.
Sie kommt nur langsam vorwärts.
Da lässt sich Amelie
ins Wasser gleiten.
Mit den Armen hält sie sich
an der Luftmatratze fest.
Mit den Beinen macht sie
kräftige Schwimmstöße.
So kommt sie besser voran.
Ob ihre Kraft bis zum Ufer reicht?
Da sieht Amelie eine Flosse
im Wasser.

Sie schießt direkt auf Amelie zu.
Es ist die Flosse eines Hais!
Amelies Herz klopft.

Sie versucht
noch schneller zu schwimmen.
Ich schaffe es nicht, denkt Amelie.
Sie schluckt Wasser.
Ekliges salziges Meerwasser.
Die Flosse kommt näher.
Amelie schließt die Augen.

Da spürt sie einen Stoß.
Jetzt ist alles aus, denkt Amelie.
Sie öffnet die Augen –
und blickt in Onnos Gesicht!
Es war nicht die Flosse
eines Hais,
es war Onnos Flosse!
Amelie ist erleichtert.
Ein Glück, dass Onno da ist.
„Ohne deine Hilfe
schaffe ich es nicht ans Ufer“,
sagt sie.
Onno scheint sie zu verstehen.
Langsam schwimmt er
neben Amelie her.
Jetzt kann sich Amelie
an Onnos Flosse festhalten.

Amelie hat keine Angst mehr.
Sie fühlt sich geborgen.
Auf Onno
kann sie sich verlassen.
Sie nähern sich dem Ufer.
Mit letzter Kraft
watet Amelie an Land.

Amelie ist erleichtert.
Onno hat sie gerettet!
„Bis morgen, Onno!“, ruft Amelie.
Der junge Delfin springt nochmals
in die Luft.
Dann taucht er unter.

Onno ist verschwunden

Am nächsten Morgen
wartet Amelie vergebens auf Onno.
Sie läuft am Strand auf und ab.
„Onno! Onno!“, ruft Amelie
verzweifelt.
Sie gibt Blinkzeichen
mit ihrem Spiegel.
Sie sucht das Meer
mit den Augen ab.
Doch Onno ist spurlos
verschwunden.

Onno wird nicht mehr kommen.
Das spürt Amelie.
Sie möchte nach Hause laufen.
Da begegnet ihr Papa.
„Stell dir vor, Amelie“, sagt Papa,
„die Delfinmutter ist wieder gesund.
Wir haben sie heute
in die Freiheit entlassen.“
Jetzt weiß Amelie,
warum Onno verschwunden ist.
Er ist seiner Mutter
zur Insel der Delfine gefolgt.

Genau einen Tag
vor Amelies Geburtstag!
Amelie fühlt sich
sehr einsam.

Alles ist gut

Amelie bläst die Kerzen
auf ihrem Geburtstagskuchen aus.
„Jetzt hast du einen Wunsch frei“,
sagt Mama.
„Aber du darfst ihn nicht verraten.“
Amelie lächelt.
Sie hat einen schönen Wunsch:
Sie will Onno wiedersehen.

Ob sich dieser Wunsch
erfüllen wird?
Schließlich können ihre Eltern
nicht zaubern.
So ein trauriger Geburtstag,
denkt Amelie.
„Also gut“, sagt Papa plötzlich.
„Dein Wunsch soll in Erfüllung
gehen.“
„Überraschung!“, ruft Mama.
Amelie sieht ihre Eltern fragend an.
Woher sollen sie wissen,
was sie sich gewünscht hat?
Können ihre Eltern etwa
Gedanken lesen?
„Was für eine Überraschung?“,
fragt Amelie.

„Vielleicht findest du sie
am Strand?“,
sagt Papa geheimnisvoll.
Mama zwinkert Amelie zu.
Ist Onno wirklich wieder da?
Erwartungsvoll rennt Amelie
hinunter zum Leuchtturm.

Sie macht Blinkzeichen
mit dem Spiegel.
Aber Onno kommt nicht.
Enttäuscht setzt sich Amelie
in den Sand.

Auf einmal sieht sie
in der Ferne etwas.
Ein Segelschiff!
In voller Fahrt schießt
das weiße Schiff
über das blaue Meer.
Am Steuer steht Papa.
Er winkt Amelie zu.
„Willst du mitfahren
zur Insel der Delfine?“,
ruft er Amelie zu.
Und ob Amelie das will!
Das also ist die Überraschung:
Papa hat ein Segelschiff gemietet!
Nur wegen Amelies Geburtstag.
Amelie ist glücklich.
Sie wird Onno wiedersehen!

Mit geblähten Segeln
fährt das Schiff über das Meer.
Und wenn die Delfine
nicht mehr da sind?,
überlegt Amelie.
Amelie hat ihren Spiegel dabei.
Sie hält ihn in die Sonne.
Da sieht sie einen Delfin.
Er springt aus dem Wasser.
„Sieh mal, Papa!", ruft Amelie,
„da ist Onno!"

Onno schwimmt dem weißen
Segelschiff entgegen.
Wie schnell Onno ist!
Übermütig umkreist er das Schiff.
Dabei springt er in die Höhe.
Amelie hat den Ball dabei.
Sie wirft Onno den Ball zu.
Geschickt balanciert Onno
den Ball auf seiner Schnauze.
Dann schleudert er ihn zurück
an Bord.

Amelie fängt ihn lachend auf.
Andere Delfine tauchen auf.
Da ist auch Onnos Mutter.
Die Delfine schwimmen Onno
hinterher.
Er führt den Schwarm
der Delfine an.
Immer wieder springen
die Delfine aus dem Wasser.

Sie begleiten Amelies Schiff.
Amelie steht am Heck
des Schiffes.
Über ihr ist der blaue Himmel.
Amelie schließt die Augen.
Sie spürt die Sonne
auf ihrem Gesicht.
Die klare Seeluft bläst ihr
um den Kopf.
„Onno ist wieder da“,
flüstert Amelie.
Genau wie in ihrem Traum!
Dieser Augenblick soll
niemals enden, denkt Amelie.

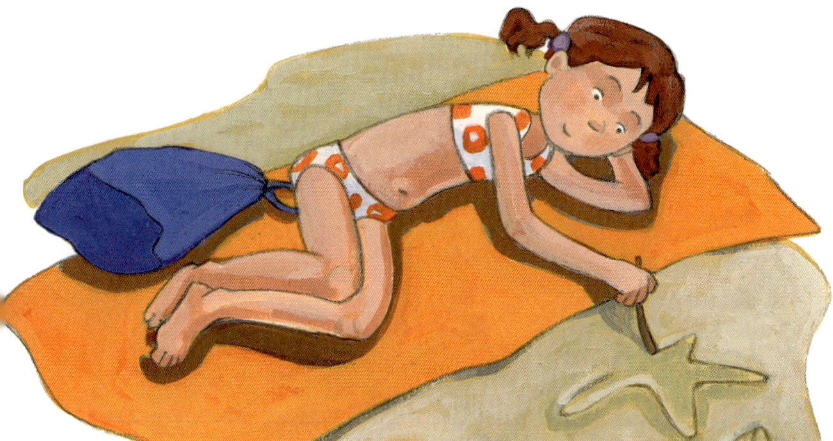

Cornelia Neudert stammt aus Eichstätt in Bayern. Sie hat Germanistik, Anglistik und Kunstgeschichte in München studiert. 1997 machte sie eine Hospitanz beim Kinderfunk des Bayerischen Rundfunks, seitdem arbeitet sie für den BR. Im Leseraben sind bereits „Freundschaftsgeschichten" und „Ponygeschichten" von ihr erschienen.

Mathias Weber wurde 1967 in Esslingen am Neckar geboren. Nach dem Grafikdesign-Studium an der Fachhochschule in Mannheim arbeitete er zunächst für Werbeagenturen, bevor er sich auf die Illustration von Kinderbüchern verlegte. Mit seiner Frau und seiner Tochter lebt er heute in der Nähe von Heidelberg.

TINO wurde 1962 in Augsburg geboren. Als kleiner Junge wollte er zuerst Clown und später Musiker werden. Doch dann machte er eine Ausbildung zum Erzieher und studierte Sozialpädagogik. Seit 1990 ist er freiberuflich als Autor tätig. Manche seiner Bücher hat er auch selbst illustriert.
Er wohnt mit seiner Frau und seinem Sohn Janik in der „Villa Wundertüte" in der Nähe von Karlsruhe. Und wenn er nicht dort ist, reist er durch die Welt oder liest an Schulen aus seinen Büchern. Im „Leseraben" sind u. a. von ihm erschienen: „Das Krokodil mit den Turnschuhen" und „Feuerwehrgeschichten".

Eva Czerwenka, geboren 1965 in Straubing, hat schon als Kind gern gemalt und mit großer Begeisterung ihre Schulhefte illustriert. Am liebsten zeichnete und modellierte sie Tiere: Hunde, Schweine, Pferde, Krokodile und natürlich auch Delfine! Und weil sie das so gut konnte, studierte sie Bildhauerei an der Kunstakademie in München und schloss mit dem Diplom ab. Seitdem arbeitet sie als freischaffende Bildhauerin und Illustratorin und hat schon viele schöne Bilder für Kinderbücher gemalt.

Rätsel
mit dem Leseraben

Die **Rabenstarken Tiergeschichten** sind hier zu Ende. Aber der Leserabe hat sich noch ein paar knifflige Rätsel rund ums Thema Tiere ausgedacht. Ob du richtig gerätselt hast, kannst du bei den Lösungen auf den Seiten 117–120 nachlesen.

Aber jetzt kommt's! In einigen Rätseln findest du rote Felder mit Nummern. Wenn du die dazugehörigen Buchstaben sammelst, erhältst du hier das Lösungswort:

1	2	3	4	5	6	7	8	9	10

Mit diesem Lösungswort kannst du am Leseraben-Gewinnspiel teilnehmen. Wie das genau geht, steht auf Seite 121.

Leserätsel

Super, du hast das ganze Buch geschafft! Hast du die Geschichten ganz genau gelesen? Der Leserabe hat sich ein paar spannende Rätsel für echte Lese-Detektive ausgedacht. Mal sehen, ob du die Fragen beantworten kannst. Wenn nicht, lies einfach noch mal auf den Seiten nach. Wenn du die richtigen Antwortbuchstaben in die Kästchen auf Seite 96 und 99 eingesetzt hast, bekommst du die beiden Lösungswörter.

Fragen zu den „Tierfreundegeschichten“

1. Warum ist Ben scheinbar kein toller Hund? (Seite 8)

K: Weil er nicht Männchen machen kann und furchtbar stinkt.

H: Weil er bissig ist und Leonie immer anknurrt.

2. Warum lässt Sascha Leonies Roller los? (Seite 16)

U: Weil er ihn nicht mehr haben will.

L: Weil Sascha vor Ben Angst hat.

3. Was macht Leonie, wenn Ben wieder einmal besonders schlimm stinkt? (Seite 17)

E: Sie wäscht ihn mit Hunde-Shampoo.

O: Sie hält sich einfach die Nase zu.

4. Was denkt Tim über sein Aquarium und die Fische? (Seite 18/19)

T: Er findet das Aquarium langweilig und die Fische doof.

D: Er findet das Aquarium schön und die Fische aufregend.

5. Wovor fürchten sich Tims Fische? (Seite 29)

I: Vor einer Krake aus Gummi.

T: Vor einer Plastikspinne.

6. Was erspäht Kater Peter im Garten? (Seite 32)

E: Ein Eichhörnchen, das auf eine Birke klettert.

A: Einen Frosch, der in den Teich hüpft.

7. Wie rettet Jana ihren Kater Peter vom Baum? (Seite 37)

K : Sie klettert selbst hinauf, um ihn zu holen.

T : Sie ruft die Feuerwehr.

8. Warum glaubt Martin, dass Sindbad früher einem Piraten gehört hat? (Seite 40/41)

R : Weil Sindbad eine schwarze Augenklappe hat.

T : Weil Sindbad manchmal „Klar zum Entern!“ ruft.

9. Was mag Sindbad am liebsten? (Seite 42)

E : Wenn Martin ihn am Kopf krault.

S : Wenn er Martin ins Ohr beißen kann.

Lösung:

1 K	2 l	3 c	4 T	5 T	6 E	R	–

7 K	A	8 T	9 E	R

Fragen zu „Mein Freund, der Delfin“ 

1. Warum ist es nicht erlaubt, mit Motorbooten zur Insel der Delfine zu fahren? (Seite 51/52)

H: Die stinkenden Motoren machen Lärm und stören die Seetiere.

K: Die Schrauben der Motorboote könnten die Tiere im Wasser verletzen.

2. Was ist mit dem kranken Delfinweibchen geschehen, das Amelies Vater im Meer gefunden hat? (Seite 55)

A: Es wurde von der Küstenwache ins Delfinarium gebracht.

E: Amelies Vater hat es mit nach Hause genommen.

3. Was findet Amelie beim Tauchen? (Seite 62)

U: Eine Silbermünze.

I: Einen kleinen Spiegel.

4. Woran merkt Onno, dass Amelie am Ufer auf ihn wartet? (Seite 66)

–: Amelie gibt ihm Blinkzeichen mit dem Spiegel.

?: Sie bläst in eine Trillerpfeife.

5. Wer rettet Amelie draußen auf dem Meer? (Seite 72)

E: Ihr Vater kommt mit seinem Motorboot.

A: Amelie darf sich an Onnos Flosse festhalten.

6. Warum ist Onno vermutlich verschwunden? (Seite 76)

D: Er ist auch ins Delfinarium gebracht worden.

L: Er ist seiner Mutter zur Insel der Delfine gefolgt.

7. Was wünscht sich Amelie, als sie die Kerzen auf ihrem Geburtstagskuchen ausbläst? (Seite 78)

A: Sie will Onno wiedersehen.

O: Sie wünscht sich ein Segelschiff.

8. Welche Überraschung haben Amelies Eltern für ihre Tochter? (Seite 81)

R : Amelies Papa hat ein Segelschiff gemietet.

N : Amelie bekommt eine Eintrittskarte fürs Delfinarium.

9. Wo sieht Amelie Onno wieder? (Seite 82)

T : Sie trifft Onno im Hafen bei den Schiffen.

M : Sie fährt mit ihrem Vater zur Insel der Delfine und sieht Onno dort wieder.

Lösung:

1	2	3	4	5	6	7	8	9

Hei-Arlm

Bilderrätsel

Hier ist vielleicht was los! Auf der Wiese tummeln sich allerlei Tiere. Aber was ist das? Auf dem rechten Bild stimmt doch etwas nicht! Findest du die **acht** Fehler?

Buchstabengitter

In diesem Buchstabengitter haben sich sowohl waagrecht als auch senkrecht **sieben** Begriffe aus der Tierwelt versteckt.
Findest du sie? Streiche die Wörter im Gitter an und schreibe sie danach auf die Linien auf der rechten Seite.

T	I	R	A	Z	O	L	E	F	I	G
U	C	H	Q	U	K	U	H	E	H	A
N	S	O	U	Z	E	N	I	R	U	M
N	P	D	A	T	S	O	L	T	N	B
A	E	R	R	I	E	K	Ü	S	D	I
F	L	Y	I	G	V	Ä	P	F	E	S
L	M	A	U	S	E	F	A	L	L	E
O	R	I	M	E	B	I	Z	U	E	D
S	A	P	A	P	A	G	E	I	I	O
T	U	S	B	U	L	Ö	W	T	N	R
E	R	K	A	N	I	N	C	H	E	N

Schlange

Gl

Bilder-Kreuzworträtsel

In diesem Kreuzworträtsel verstecken sich einige Begriffe rund ums Thema Tiere.
Schau dir die Bilder genau an und trage die gesuchten Wörter in das Gitter ein.

Jagd nach dem Käse

Die kleine Maus hat großen Hunger. Welchen Weg muss sie nehmen, um an ihren heiß geliebten Käse zu gelangen? Die Buchstaben, an denen die Maus auf dem richtigen Weg vorbeikommt, verraten dir das Lösungswort.

Lösung:

M	a	8 u	s

Buchstabensalat

Hier hat der Leserabe wohl zu wild mit den Flügeln geschlagen! Ein paar Buchstaben sind durcheinandergepurzelt. Setze aus den Buchstaben wieder die richtigen Tiernamen zusammen und schreibe sie rechts in die Goldfischgläser.

Buchstaben-Sudoku

Sudoku ist japanisch und bedeutet so viel wie „eine Zahl, die allein steht“. Bei einem Buchstaben-Sudoku ist das so ähnlich, nur darf hier jeder Buchstabe von A bis I in jeder Zeile, jeder Spalte und in jedem Kasten nur ein Mal vorkommen.
Kannst du die leeren Kästchen rechts richtig füllen?
Noch ein Tipp: Löse das Rätsel Stück für Stück und schaue dir dabei am besten immer eine bestimmte Zeile, eine bestimmte Spalte oder einen bestimmten Kasten ganz genau an!
Das Bild unten zeigt dir, wie’s geht.

Kasten

Spalte

D	C	H					A	G
E	I	F	A	G	H	B		C
A	G	B	D		F	I	E	H
	E	I	G		C	A	H	D
	H						B	F
	B	D	H		A	C	I	E
	A	G	F		B	D	C	I
B		C	I	H	G	E		A
I	F	E	C	A	D	H	G	B

Zeile ▸

	H	D	A		B	E	I	
B			I		D			H
I			C	H	E			D
E	B	F		A		I	D	C
7		I	B		F	G		
G	A	C		E		H	F	B
D			E	B	A			F
A			F	10	G			I
	E	B	H		C	D	G	

Hausaufgaben zum Nachtisch

Leonie muss für den Deutschunterricht einen Aufsatz über ihr schönstes Erlebnis mit Tieren schreiben. Doch, oje! Ihr Hund Ben hat die Hausaufgaben gefressen – zumindest einen Teil. Kannst du Leonie helfen und die sechs übrig gebliebenen Wörter wieder richtig zusammensetzen? Verbinde die richtigen Wortteile miteinander und schreibe die Wörter in Leonies Heft.

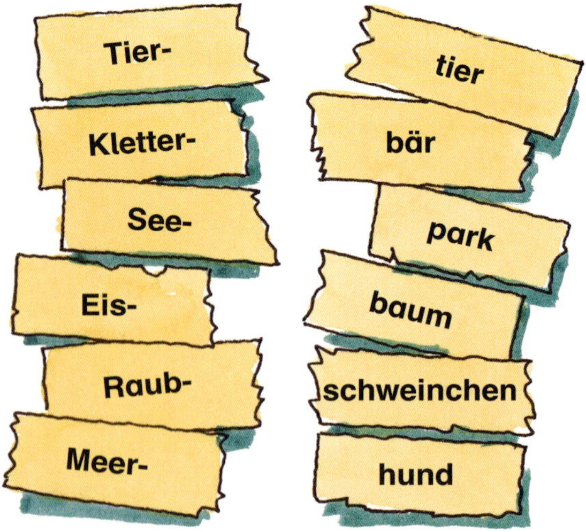

Doppelgänger

Piratenpapagei Sindbad ist wirklich einmalig und unverwechselbar! Oder doch nicht? Auf den ersten Blick sehen alle sechs Papageien gleich aus. Wenn du aber genau hinsiehst, wirst du entdecken, dass nur zwei von ihnen wirklich gleich sind. Welche sind das?

Trage hier die Buchstaben ein, die neben den beiden gleichen Papageien stehen:

2 T	9 N

Süße Träume

Wovon träumt Amelie am liebsten bei Tag und bei Nacht? Verbinde die Zahlen in der richtigen Reihenfolge mit einem Stift, dann erscheint das Lösungsbild.

Spurensuche

Kater Peter hat sich verlaufen. Um nach Hause zu kommen, muss er nur seiner eigenen Spur folgen. Leider haben hier noch einige andere Tiere ihre Pfotenabdrücke hinterlassen. Kannst du allen Spuren die richtigen Tiernamen zuordnen? Schreibe zu jeder Spur den Namen des richtigen Tiers. Welcher Spur muss Peter folgen, um nach Hause zu finden?

L: ____________

O: ____________

M: ____________

E: ____________

K: ____________

R: ____________

Trage hier den Buchstaben der richtigen Spur ein:

5

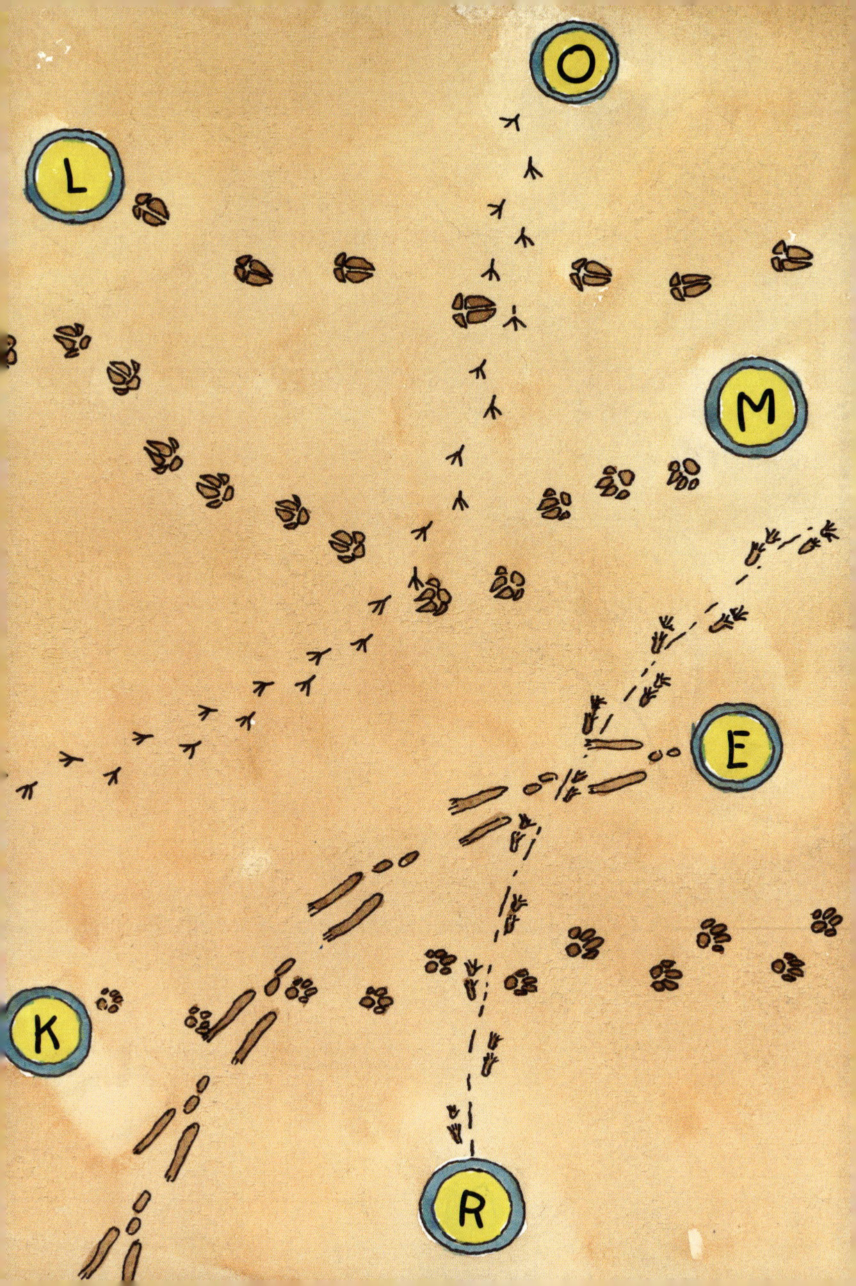
O
L
M
E
K
R

Lösungen:

Süße Träume (Seite 113)

Spurensuche (Seite 114/115)

L:Hirsch

O:Krähe

M:Hund

E:Hase

K:Hauskatze

R:Maus

Lösungen:

Buchstaben-Sudoku (Seite 108/109)

C	H	D	A	F	B	E	I	G
B	F	E	I	G	D	A	C	H
I	G	A	C	H	E	F	B	D
E	B	F	G	A	H	I	D	C
[7] H	D	I	B	C	F	G	A	E
G	A	C	D	E	I	H	F	B
D	I	G	E	B	A	C	H	F
A	C	H	F	[10] D	G	B	E	I
F	E	B	H	I	C	D	G	A

Hausaufgaben zum Nachtisch (Seite 110/111)
Tierpark, Kletterbaum, Seehund, Eisbär, Raubtier, Meerschweinchen

Doppelgänger (Seite 112)

T

A

N

P

L

R

Lösungen:

Bilder-Kreuzworträtsel (Seite 104)

Jagd nach dem Käse (Seite 105)

MAUS

Buchstabensalat (Seite 106/107)
Schlange, Goldfisch, Delfin, Löwe, Elefant

Lösungen:

Leserätsel (Seite 94–99)

Fragen zu den „Tierfreundegeschichten“
KLETTERKATER

Fragen zu „Mein Freund, der Delfin“
HAI-ALARM

Bilderrätsel (Seite 100/101)

Buchstabengitter (Seite 102/103)

T	I	R	A	Z	O	L	E	F	I	G
U	C	H	Q	U	K	U	H	E	H	A
N	S	O	U	Z	E	N	I	R	U	M
N	P	D	A	T	S	O	L	T	N	B
A	E	R	R	I	E	K	Ü	S	D	I
F	L	Y	I	G	V	Ä	P	F	E	S
L	M	A	U	S	E	F	A	L	L	E
O	R	I	M	E	B	I	Z	U	E	D
S	A	P	A	P	A	G	E	I	I	O
T	U	S	B	U	L	Ö	W	T	N	R
E	R	K	A	N	I	N	C	H	E	N

Rabenpost

Super, alles richtig gemacht! Jetzt wird es Zeit für die RABENPOST.
Schicke dem LESERABEN einfach eine Karte mit dem richtigen Lösungswort. Oder schreib eine E-Mail.
Wir verlosen jeden Monat 10 Buchpakete unter den Einsendern!

An den LESERABEN
RABENPOST
Postfach 20 07
88190 Ravensburg
Deutschland

leserabe@ravensburger.de
Besuche mich doch mal auf meiner Webseite:
www.leserabe.de

Ravensburger Bücher

Leserabe

Spannende Fälle mit Nick Nase, dem großen Detektiv!

ISBN 978-3-473-**36028**-4

ISBN 978-3-473-**36067**-3

ISBN 978-3-473-**36030**-7

ISBN 978-3-473-**36194**-6

Weitere Fälle mit Nick Nase:

ISBN 978-3-473-**36027-7**	**Nick Nase und ein haariger Fall**
ISBN 978-3-473-**36029-1**	**Nick Nase stellt eine Falle**
ISBN 978-3-473-**36042-0**	**Nick Nase und der große Preis**
ISBN 978-3-473-**36043-7**	**Nick Nase und der verschwundene Schlüssel**
ISBN 978-3-473-**36044-4**	**Nick Nase und die Geister**
ISBN 978-3-473-**36173-1**	**Nick Nase und der geheimnisvolle Koffer**
ISBN 978-3-473-**36087-1**	**Nick Nase und die Spur im Schnee**
ISBN 978-3-473-**36224-0**	**Nick Nase und die verschwundene Weihnachtskarte**

ERZ_07_011

www.ravensburger.de / www.leserabe.de

Ravensburger